Warum die Schweizer aussterben werden

Dudo Erny

Warum die Schweizer aussterben werden

Bibliografische Information der Deutschen Nationalbibliothek:
Die Deutsche Nationalbibliothek verzeichnet diese Publikation in der
Deutschen Nationalbibliografie; detaillierte bibliografische Daten sind
im Internet über dnb.dnb.de abrufbar.

© 2019 Dudo Erny
Satz, Umschlaggestaltung, Herstellung und Verlag: BoD – Books on
Demand, Norderstedt
ISBN 978-3-7460-5258-8

Inhalt

Vorwort

Ich lebe in der Schweiz und beobachte seit mehr als fünf Jahrzehnten, was mit diesem Land geschieht. Eines der brennendsten Probleme der Schweiz ist die Einwanderung. Zu diesem Thema habe ich vor einiger Zeit einen Leserbrief gelesen, in dem sich der Schreibende darüber beschwert, dass in einer Schulklasse vorwiegend Ausländer sitzen. Er hat alle ausländischen Namen aufgezählt und am Schluss des Leserbriefs die Frage gestellt: „Wo sind die Müllers und Meiers geblieben?" Ich habe einigen Bekannten von diesem Leserbrief erzählt und sie gefragt: „Was würdest du dem Leserbriefschreiber auf seine Frage, wo die Müllers und Meiers geblieben sind, antworten?" Ich war erstaunt, dass die meisten Menschen diese Frage nicht spontan beantworten konnten, und darum habe ich beschlossen, wieder ein Buch zu schreiben. Wenn Sie dieses Buch gelesen haben, werden Sie wissen, wo die Müllers und Meiers geblieben sind.

Für die Leser in Deutschland und Österreich: In der Schweiz wurde der Buchstabe ß vor Jahren abgeschafft.

Geschichte der Schweiz

Vor 24'000 Jahren war ein grosser Teil der heutigen Schweiz von Gletschern bedeckt. Durch natürliche Klimaschwankungen ist dieser Eispanzer verschwunden und das Gebiet wurde besiedelt. Vor allem an Seeufern findet man Überreste von Pfahlbauten.

Die Region wurde durch verschiedene keltische Stämme wie die Helvetier besiedelt. Später war das Gebiet Teil des Römischen Imperiums. In den Jahren 259/260 drangen die Alemannen auf das Gebiet vor. Ab dem Jahr 443 siedelten im Westen die Burgunder. Um 568 drangen die Langobarden in die Poebene ein.

1291 wurde die Eidgenossenschaft gegründet. Der Bundesbrief gilt als die Gründungsurkunde der Schweiz. Diese Urkunde ist im Bundesbriefmuseum in Schwyz ausgestellt.

Die Schweizer Söldner dienten bei vielen Herrschern in Europa. Das Löwendenkmal in Luzern erinnert an die Schweizergardisten, die im Jahr 1792 beim Tuileriensturm in Paris umkamen. Die Schweizergarde im Vatikan ist ein Relikt der Söldnerzeit.

1315 wurden die Habsburger in der Schlacht am Morgarten besiegt. Durch die Ausweitung des Bündnisses entstand die Achtörtige Eidgenossenschaft. Durch weitere Expansion kam es zur Eidgenossenschaft der 13 alten Orte. In der Tagsatzung trafen sich bis 1848 die Abgesandten der Kantone.

1515 kam es zur bedeutenden Schlacht bei Marignano, bei der die Eidgenossen besiegt wurden und damit ihre Expansionsbereitschaft gedämpft wurde.

1648 wurde die Schweiz im Westfälischen Friedensvertrag als unabhängig vom Heiligen Römischen Reich Deutscher Nation anerkannt.

1798 wurden die Truppen der Eidgenossen von Frankreich besiegt, ein Teil der Schweiz wurde besetzt und es wurde die Helvetische Republik gegründet, die 1803 wieder aufgelöst wurde.

1815 fand der Wiener Kongress statt. Die verschiedenen Regionen der Schweiz waren heillos zerstritten. Beim Wiener Kongress ist die Schweiz neu definiert worden und die heute noch gültigen Landesgrenzen wurden damals festgelegt. Zudem wurde die schweizerische Neutralität völkerrechtlich anerkannt.

1847 kam es zum Sonderbundskrieg, der eigentlich ein Religionskrieg zwischen katholischen und reformierten Kantonen war.

1848 wurde die Schweiz in der Bundesverfassung von einem Staatenbund zu einem Bundesstaat geeint.

Die Schweiz blieb im Ersten und Zweiten Weltkrieg von Kampfhandlungen verschont.

1971 begann der demografische Niedergang der Schweiz, der von den meisten Historikern nicht beachtet wird und von dem in diesem Buch die Rede sein wird.

Demografie

Die Demografie ist eine Bevölkerungswissenschaft, die sich mit der Anzahl der Menschen, deren Altersstruktur und Migration befasst.

Vor 2'000 Jahren haben auf der Welt etwa 250 Millionen Menschen gelebt. Bis zum Jahr 1800 hat sich die Weltbevölkerung auf etwa 1 Milliarde Menschen erhöht. Diese Zunahme ist nicht gleichmässig erfolgt. Neben Phasen des Bevölkerungswachstums gab es Zeiten, in denen die Bevölkerung durch Hungersnöte, Seuchen und Kriege dezimiert wurde. Zudem hat die hohe Kindersterblichkeit ein rasches Bevölkerungswachstum verhindert.

Im Jahr 1950 haben auf der Welt 2,5 Milliarden Menschen gelebt. Bis 2018 hat sich die Zahl der Weltenbürger auf 7,6 Milliarden Menschen verdreifacht. 2017 hat die Weltbevölkerung um 83 Millionen Menschen zugenommen. Das heisst, dass die Weltbevölkerung jeden Tag um 227'000 Menschen gewachsen ist. (Die Verstorbenen sind in dieser Zahl schon einberechnet!)

Für das Jahr 2050 prognostiziert die UNO eine Weltbevölkerung von 9,7 Milliarden Menschen. Es hat sich in der Vergangenheit gezeigt, dass die Prognosen der Demografen für einen Zeitraum von 30 Jahren ziemlich genau gestimmt haben, und darum dürften die vorausgesagten Bevölkerungszahlen für 2050 zutreffen. Im Jahr 2100 werden auf der Welt mehr als 11 Milliarden Menschen leben, aber es könnten einige Milliarden mehr werden, falls die Geburtenraten nicht wie erhofft sinken.

In Europa muss eine Frau im Durchschnitt 2,1 Kinder bekommen, damit die Einwohnerzahl konstant bleibt. Die Zahl

2,1 ist verwirrend, da eine Frau nicht 2,1 Kinder auf die Welt bringen kann. Darum könnte man die Geburtenrate auch anders formulieren: 10 Frauen müssen 21 Kinder auf die Welt bringen. Eine Frau muss sich selbst und ihren Partner ersetzen. Wegen der Kindersterblichkeit braucht es einen kleinen Geburtenüberschuss. In Afrika liegt wegen der höheren Kindersterblichkeit die optimale Geburtenrate bei 2,3 bis 2,4 Kindern pro Frau.

Eines fernen Tages wird auf dem Grabstein des letzten Schweizers zu lesen sein: *Hier ruht der letzte Schweizer. Er hatte keine Ahnung von Demografie.*

Afrika

Afrika weist ein hohes Bevölkerungswachstum auf. Im Jahr 1950 haben auf diesem Kontinent 229 Millionen Menschen gelebt und 2018 sind es bereits 1,3 Milliarden. Die Prognose der UNO sagt für 2050 eine Bevölkerungszahl von 2,5 Milliarden voraus. Im Jahr 2100 werden in Afrika nach der mittleren Prognose der UNO 4,5 Milliarden Menschen leben, aber es könnten einige Milliarden mehr werden.

Afrika: Einwohnerzahl in Millionen. In Klammern: Zunahme gegenüber dem Vorjahr in Millionen.

1951: 233 (+ 4,6)
1961: 292 (+ 6,9)
1971: 376 (+ 9,6)
1981: 494 (+ 13,7)
1991: 652 (+ 17)
2001: 838 (+ 20)
2011: 1'077 (+ 27,4)
2021: 1'386 (+ 33)
2031: 1'741 (+ 37,7)
2041: 2'142 (+ 41,7)
2051: 2'571 (+ 43,5)

Eine wichtige Erkenntnis: Die obigen Bevölkerungszahlen zeigen, dass die Einwohnerzahl Afrikas immer schneller wächst. Wann das Bevölkerungswachstum in Afrika aufhören wird, wissen auch die Demografie-Experten nicht genau. Falls sich die Einwohnerzahl Afrikas nach 2100 weiter verdoppelt, wären wir bei 9 Milliarden Menschen in Afrika angelangt. Die weiteren Verdoppelungsschritte wären: 18, 36, 72, 144, 288 und 576 Milliarden Menschen, aber diese Zahlen sind reine Utopie, denn Afrika kann momentan nur mit Mühe seine 1,3 Milliarden Menschen ernähren.

Die höchsten Geburtenraten findet man in den afrikanischen Ländern südlich der Sahara. Als Grund dafür, dass die Frauen in Afrika so viele Kinder bekommen, wird meistens die fehlende Altersvorsorge genannt. Neu kommt das Geschäftsmodell Migration hinzu. Falls es einer afrikanischen Familie gelingt, eines der 5 Kinder nach Europa zu schleusen, und dieses dann Geld an die zurückgebliebene Familie schickt, hat es sich gelohnt, 5 Kinder auf die Welt zu stellen.

Altersverteilung eines afrikanischen Landes mit einer hohen Geburtenrate

In dieser schematisch dargestellten Bevölkerungsverteilung stehen die „x" für die einzelnen Jahrgänge. Oben hat es wenige „x", welche die alte Bevölkerung repräsentieren sollen. Die vielen „x" unten in der Darstellung stehen für sehr viele junge Menschen und Kinder. Man hört oft den Begriff „Alterspyramide". Wenn die Geburtenrate sehr hoch ist, hat die Altersverteilung die Form einer Pagode.

In dieser Darstellung sieht man nicht nur die Gegenwart, man kann auch die zukünftige Bevölkerungsentwicklung vorhersagen. Weil es in vielen afrikanischen Ländern südlich der Sahara unglaublich viele Kinder gibt, wird es in wenigen Jahren sehr viele Frauen im gebärfähigen Alter geben. Weil die Geburtenraten nur langsam sinken, werden diese vielen Frauen sehr viele Kinder auf die Welt bringen. Man spricht darum von einer Bevölkerungsexplosion.

Wenn man die Menschen fragt: „Wovor haben Sie mehr Angst: vor einer Atombombe oder der niedrigen Geburtenrate?", werden wahrscheinlich alle die Atombombe erwähnen. Bei den Atombombenexplosionen in Hiroshima und Nagasaki sind etwa eine Viertelmillion Menschen umgekommen. Die niedrige Geburtenrate in Japan wird bis zum Ende dieses Jahrhunderts etwa 42 Millionen Japaner eliminieren.

Warum haben die Menschen keine Angst vor der niedrigen Geburtenrate? Ein einzelner Mensch kann nicht an der niedrigen Geburtenrate sterben. Die Todesursache lautet meistens Krebs oder Herzinfarkt. Im Gegensatz zu einer einzelnen Person kann ein Volk an der niedrigen Geburtenrate zugrunde gehen.

Schweiz

Die Entwicklung der Einwohnerzahl der Schweiz

1861: 2'515'396
1880: 2'817'307
1900: 3'282'407
1910: 3'711'868
1920: 3'869'481
1930: 4'052'557
1940: 4'252'902
1950: 4'668'000
1960: 5'295'500
1970: 6'168'700
1980: 6'303'573
1990: 6'673'850
2000: 7'164'444
2010: 7'785'806
2017: 8'419'550

Diese Zahlen liefert das Bundesamt für Statistik. Quizfrage: In welcher Schweizer Stadt befindet sich das Bundesamt für Statistik? Antwort: Neuchâtel (Neuenburg).

Eine wichtige Zahl in der Demografie ist die Anzahl der Kinder, die eine Frau im Verlauf ihres Lebens auf die Welt bringt. Diese Zahl entscheidet über die Hungersnöte in Afrika oder den Untergang der europäischen Völker.

Die Entwicklung der Geburtenrate in der Schweiz (Anzahl Kinder pro Frau):

1950: 2,40
1955: 2,30
1960: 2,44
1963: 2,67
1964: 2,67
1968: 2,30
1969: 2,19
1970: 2,10
1971: 2,04
1972: 1,91
1976: 1,55
1980: 1,55
1985: 1,52
1990: 1,59
1995: 1,48
2001: 1,38
2006: 1,44
2010: 1,52
2016: 1,55

Diese Zahlen habe ich den Publikationen des Bundesamtes für Statistik entnommen.

Von 1950 bis 1969 lag die Geburtenrate über 2,1, es gab also einen Geburtenüberschuss. In den Jahren 1963 und 1964 gab es den höchsten Geburtenüberschuss. 2018 sind die Menschen dieser Jahrgänge 55 und 54 Jahre alt. In afrikanischen Ländern mit einer hohen Geburtenrate stellen die Einjährigen den geburtenstärksten Jahrgang und nicht die 55-Jährigen wie in der Schweiz. Die vielen einjährigen Mädchen in Afrika werden in 15 bis 20 Jahren ihr erstes Kind auf die Welt bringen und damit die Bevölkerungsexplosion weiter anheizen. Die vielen 55-jährigen Schweizerinnen bekommen praktisch keine Kinder. An dieser biologischen Tatsache erkennen Sie das Todesurteil des Schweizer Volkes.

Das Jahr 1970 ist der demografische Wendepunkt für das Schweizer Volk – da lag die Geburtenrate goldrichtig bei 2,1. Mit 2,1 Kindern pro Frau kann ein Volk die Einwohnerzahl konstant halten. 1971 hat das Aussterben des Schweizer Volkes begonnen. Seit Mitte der 1970er-Jahre kommen nur etwa 70–75 Prozent der benötigten Nachkommen auf die Welt.

In der Schweiz bekommen die Frauen etwa mit 30 Jahren ihr erstes Kind. Daraus kann man wiederum zukünftige Entwicklungen herleiten. Weil 1976 zu wenige Kinder geboren wurden, hatte es um das Jahr 2006 zu wenige Frauen im gebärfähigen Alter. Weil auch die Geburtenrate zu niedrig war, hat die Schweiz seit 2006 zwei demografische Probleme: zu wenige Frauen im gebärfähigen Alter und eine zu niedrige Geburtenrate. Das Schweizer Volk befindet sich in einer Todesspirale und nur eine höhere Geburtenrate würde die Rettung bringen.

Altersverteilung der Bevölkerung in der Schweiz

```
          x
         xxx
       xxxxxx
      xxxxxxxxxx
    xxxxxxxxxxxxxxxx
     xxxxxxxxxxxx
      xxxxxxxxxx
       xxxxxxxx
      xxxxxxxxxx
```

In dieser schematisch dargestellten Bevölkerungsverteilung der Schweiz erkennt man, dass es sehr viele Menschen mittleren Alters und zu wenige Kinder gibt. Hier sieht man den grossen Vorteil, den Demografie-Experten gegenüber Meteorologen und Wirtschaftsexperten haben. Viele demografische Ereignisse lassen sich ziemlich genau aus den bestehenden Bevölkerungsdaten vorhersagen.

Weil es heute zu wenige Kinder hat, wird es in etwa 30 Jahren zu wenige Frauen im gebärfähigen Alter geben. Das ist nicht Wahrsagerei, sondern eine Tatsache, denn Frauen im gebärfähigen Alter fallen nicht vom Himmel. Wie sich die Wirtschaft und die Einwanderung entwickeln werden, kann ein Demografie-Experte natürlich weniger genau vorhersagen.

Nehmen wir im folgenden Zahlenbeispiel als Ausgangswert eine Million Schweizer im Jahr 1970 für einen kleinen Blick in die Zukunft. Wegen der niedrigen Geburtenrate halbiert sich dieser Wert alle 60 Jahre. In Klammern sind die Prozentangaben.

1970: 1'000'000 (100 %)
2030: 500'000 (50 %)
2090: 250'000 (25 %)
2150: 125'000 (12,5 %)
2210: 62'500 (6,25%)
2270: 31'250 (3,125 %)

Mit anderen Worten: Bis 2270 sind fast 97 Prozent der Schweizer verschwunden. Das Schreckliche an der abnehmenden Exponentialfunktion ist: Die erste Halbierung ist zahlenmässig die schlimmste. Ich schreibe diese Zeilen im Jahr 2018. Wir befinden uns also in der Zeit der ersten und auch zahlenmässig stärksten Halbierung.

Weil Mitte der 1960er-Jahre in der Schweiz viele Kinder geboren wurden, hat es Mitte der 1990er-Jahre viele Frauen im gebärfähigen Alter gegeben und darum ist trotz der niedrigen Geburtenrate ein Babyboom entstanden. Dieser Babyboom wird 30 Jahre später wieder einen kleinen Babyboom verursachen. Da sich ab Mitte der 1970er-Jahre die Geburtenrate bei etwa 1,5 Kindern pro Frau eingestellt hat, haben wir immer weniger Kinder und immer weniger Frauen im gebärfähigen Alter. Diese Phänomene überlagern sich und darum erfolgt die Bevölkerungsabnahme nicht gleichmässig, sondern wellenförmig.

Familienplanung

Ich bin immer wieder erstaunt, wie gleichgeschaltet die meisten Menschen sind. Wenn ich mit Leuten über die demografischen Probleme diskutiere und das Wort *Familienplanung* erwähne, höre ich wie auf Kommando: „Man kann doch den Frauen nicht vorschreiben, wie viele Kinder sie haben sollen." Wenn man die Menschen fragen würde, warum sie diese Aussage machen, würden sie antworten, dass wäre ihre eigene Meinung. Die wenigsten würden sagen, dass sie einer Propaganda ausgesetzt waren und sie darum einfach nur nachplappern, was die Eltern, die Lehrer und die Priester gesagt haben.

In der Schweiz sagen vor allem Frauen „uii neii", wenn etwas Schlimmes geschehen ist. Leute, die in einem Entwicklungsland in den Ferien waren, erzählen dann: „Uii neii, diese Armut, uii nei, das ist ja furchtbar." Ich habe noch nie gehört: „Uii neii, diese hohe Geburtenrate." Die furchtbare Armut ist nur eine Folge der hohen Geburtenrate, aber das zu sagen, ist ein Tabu.

Wenn ich vor den negativen Folgen der zu niedrigen Geburtenrate der Schweizer warne, bekomme ich sehr, sehr selten zu hören: „Sie haben recht. Wir müssen Massnahmen ergreifen und die Geburtenrate erhöhen, damit die Schweizer nicht aussterben." Meistens höre ich: „Aber man kann doch nicht …"

Eines fernen Tages wird auf dem Grabstein des letzten Schweizers zu lesen sein: *Hier ruht der letzte Schweizer. Er wollte nichts von Familienplanung wissen.*

Akademikerinnen

Frauen mit einem Hochschulabschluss weisen die niedrigste Geburtenrate auf. Viele Akademikerinnen entscheiden sich für die Karriere und bleiben kinderlos. Auf zehn kinderlose Frauen müsste es zehn Frauen geben, die 42 Kinder auf die Welt bringen, damit ein Volk nicht ausstirbt.

Die grössten Probleme der Studentinnen, die gerne Kinder bekommen würden, sind die Finanzen und die fehlende Kinderbetreuung. Ein Volk, das nicht aussterben möchte, sollte neben jede Universität eine Kindertagesstätte bauen und die Studentinnen für das Kinderkriegen finanziell belohnen.

Nicht jede Frau muss ein Kind bekommen. Eine Geburtenrate von 2,1 kann man auch anders erreichen. 1'000 Frauen müssen 2'100 Kinder auf die Welt stellen, damit ein Volk überlebt. Die Verteilung könnte so aussehen: 100 Frauen sind kinderlos, 100 Frauen bekommen 1 Kind, 500 Frauen bekommen 2 Kinder, 200 Frauen bekommen 3 Kinder und 100 Frauen bekommen 4 Kinder. Zählt man alle Kinder zusammen, kommt man auf eine Geburtenrate von 2,1.

Eines fernen Tages wird auf dem Grabstein der letzten Schweizerin zu lesen sein: *Hier ruht die letzte Schweizer Akademikerin. Die Ausbildung, die berufliche Karriere und die mangelnde staatliche Unterstützung waren die Gründe für ihre Kinderlosigkeit.*

Entwicklungshilfe

Im Verlauf eines Jahres landen unzählige Prospekte im Briefkasten, in denen die Armut Afrikas beklagt und um Spenden gebeten wird. In keinem dieser Bettelbriefe der Hilfsindustrie steht, dass die hohe Geburtenrate die Hauptursache für die Armut ist.

Was geschieht mit den Spendengeldern? Da gibt es eine einfache Formel: Ein Viertel behalten die Spendeneintreiber, ein Viertel zweigen die Entwicklungshilfeorganisationen für eigene Unkosten ab, ein Viertel geht an die korrupten Politiker in Afrika, der letzte Viertel wird für unsinnige Projekte ausgegeben.

Ich bin in der Schweiz schon oft von Kindern für Spenden für Afrika angebettelt worden. Schon früh werden die Kinder in der Schweiz darauf getrimmt, Afrika zu helfen. Ich bin noch nie gefragt worden, ob ich etwas für die Familienplanung in Afrika spenden möchte. Auch bin ich noch nie gefragt worden, ob ich für die Erhöhung der Geburtenrate der Schweizer spenden möchte.

Die Schweizer (ein aussterbendes Volk) geben jedes Jahr Milliarden für die Entwicklungshilfe aus, die seit Jahrzehnten alles andere als erfolgreich war. Hier ein Beispiel, warum die Entwicklungshilfe versagt hat: In der Demokratischen Republik Kongo haben im Jahr 1950 nur 12 Millionen Menschen gelebt, 2018 waren es bereits 84 Millionen. Für 2100 geht die UNO von einer Einwohnerzahl von 379 Millionen aus. Die Katastrophe ist vorprogrammiert. Ob diese 2040 oder 2070 stattfinden wird, weiss ich auch nicht, aber es widerspricht jeder Logik, dass immer weniger Europäer immer mehr Afrikanern irgendwie helfen könnten.

Eines fernen Tages wird auf dem Grabstein des letzten Schweizers zu lesen sein: *Hier ruht der letzte Schweizer. Statt sich um das eigene Volk zu kümmern, hat er Geld nach Afrika geschickt.*

Marktwirtschaft

Die meisten Menschen sind fest davon überzeugt, dass die freie Marktwirtschaft alle Probleme lösen kann. Wenn man sich die verschiedenen Finanzkrisen der letzten Jahrzehnte anschaut, in denen die Bankmanager Millionenboni kassiert und gleichzeitig die Sparer ihre Einlagen verloren haben, dann erscheint dieser blinde Glaube an die Marktwirtschaft ziemlich fragwürdig.

Die freie Marktwirtschaft kümmert sich nicht um die niedrige Geburtenrate der Schweizer. Es zählen nur der Aktienkurs und der Betriebsgewinn. Wenn die Schweizer zu wenige Kinder bekommen, holt man die Arbeitskräfte aus dem Ausland.

Täglich bekommt man Aktienkurse geliefert. Es gibt Fernsehsender, die sich ausschliesslich mit der Börse und der Wirtschaft befassen. Einen Fernsehkanal, der sich mit der demografischen Entwicklung befasst, gibt es in Europa wahrscheinlich nicht.

Eines fernen Tages wird auf dem Grabstein des letzten Schweizers zu lesen sein: *Hier ruht der letzte Schweizer. Er hat auf die Marktwirtschaft vertraut.*

Wohlstand

Die Schweiz ist eines der reichsten Länder auf der Welt. Die Schweizer erzählen gerne von ihren Reisen in ferne Länder und vom vorzüglichen Essen in teuren Restaurants. Sie loben die Vorstellungen im Opernhaus, wo die teuersten Sitzplätze so viel kosten, wie eine Näherin in Asien in einem Monat verdient. Der Reichtum macht träge und denkfaul. Warum soll man sich das Leben in dieser Wohlfühloase durch demografische Probleme verderben?

Ich kenne Schweizer Ehepaare, die haben zwei Autos, ein Haus und eine Ferienwohnung in den Bergen, aber sie haben keine Kinder. Der Wohlstand wird das Schweizer Volk nicht vor dem Aussterben bewahren.

Eines fernen Tages wird auf dem Grabstein des letzten Schweizers zu lesen sein: *Hier ruht der letzte wohlhabende Schweizer. Seine grösste Sorge war, ob der Wein im Keller die richtige Temperatur hat. Das eigene Volk war ihm egal.*

Spenden

Die Schweizer spenden viel und gerne an alle möglichen Organisationen. Der Zoo in Zürich erhält Spenden für die Lewa Savanne. Der Zoo in Basel erhielt eine anonyme Spende von 10 Millionen Franken für das neue Ozeanium.

Seit Jahren versuche ich den Schweizern klarzumachen, dass sie durch die niedrige Geburtenrate eliminiert werden. Noch nie hat jemand zu mir gesagt: „Ich finde es grossartig, dass Sie das Schweizer Volk vor dem Aussterben bewahren wollen. Ich werde Ihnen 10 Millionen Franken überweisen."

Eines fernen Tages wird auf dem Grabstein des letzten Schweizers zu lesen sein: *Hier ruht der letzte Schweizer. Die Tiere im Zoo waren ihm wichtiger als das eigene Volk.*

Demokratie

Die Schweizer sind stolz auf die direkte Demokratie. Mit einer Initiative kann man die Bundesverfassung ändern. Die Initianten müssen innerhalb von 18 Monaten 100'000 gültige Unterschriften zusammenbringen.

Hier eine Auswahl an Initiativen, über die das Schweizer Volk abstimmen durfte (in Klammern das Jahr, in welchem die Abstimmung stattfand):

Gegen die Überfremdung der Schweiz (1974)
Für eine Schweiz ohne Armee (1989)
Stopp dem Atomkraftwerkbau (1990)
Für einen arbeitsfreien Bundestag (1993)
Gegen den Bau von Minaretten (2009)
Für die Ausschaffung krimineller Ausländer (2010)
Gegen Masseneinwanderung (2014)

Eine Initiative „Gegen die niedrige Geburtenrate der Schweizer" hat es noch nicht gegeben.

Die direkte Demokratie wird das Aussterben des Schweizer Volkes nicht verhindern können, denn der niedrigen Geburtenrate ist es egal, was die Schweizer zu Atomkraftwerken und Minaretten abstimmen. Bis zum Jahr 2018 wurde dem Schweizer Volk noch nie die Frage gestellt: „Soll man die Schweizer aussterben lassen und durch Einwanderer ersetzen?" Genau das geschieht ja seit 1971. Vielleicht ändert sich das, wenn genügend Leute dieses Buch lesen.

Ich möchte an einem Beispiel zeigen, wie die direkte Demokratie versagen kann. Sie sitzen in einem Verkehrsflugzeug mit 200 anderen Passagieren. Das Flugzeug befindet sich über dem Atlantik auf einer Reisehöhe von 10'000 m. Beide Piloten sterben gleichzeitig an einem Herzanfall. Es ist niemand an Bord, der die Maschine landen kann, also beschliesst man, das Problem mit der direkten Demokratie zu lösen. Die Passagiere stimmen darüber ab, welche Knöpfe gedrückt werden müssen, um den Sinkflug einzuleiten, und an welchen Hebeln man ziehen muss, um das Fahrwerk auszufahren etc. Die Wahrscheinlichkeit, dass bei diesen Abstimmungen jeweils die korrekten Handgriffe gewählt werden, liegt bei null. Dieses Flugzeug würde trotz direkter Demokratie zerschellen. Wäre ein einziger Pilot unter den Passagieren, könnte er das Flugzeug sicher landen.

Am 25.11.2018 wurde über die Volksinitiative „Für die Würde der Landwirtschaftlichen Nutztiere (Hornkuh-Initiative)" abgestimmt. Ein aussterbendes Volk hat nichts Gescheiteres zu tun, als über die Hörner der Rindviecher abzustimmen.

Eines fernen Tages wird auf dem Grabstein des letzten Schweizers zu lesen sein: *Hier ruht der letzte Schweizer. Er hat auf die direkte Demokratie vertraut.*

Grenzen

Wenn Ihnen die Chinesische Mauer zu weit weg ist, fahren Sie nach Dubrovnik in Kroatien. Dort können Sie auf der Stadtmauer spazieren gehen und die Altstadt und das Meer bewundern. Die Einwohner von Dubrovnik waren jahrhundertelang froh um die dicken Stadtmauern. Dubrovnik ist eines der vielen Beispiele dafür, dass eine Stadt nur dann überlebt, wenn sie sich vor Invasoren schützt.

Heute werden die Grenzen in Europa abgeschafft, aber es zeigen sich schon erste Risse in dieser utopischen Ideologie. Einzelne Länder bauen Grenzschutzanlagen, um die Invasion der fremden Völker aufzuhalten.

Die UNO beabsichtigt mit dem „Global Compact for Migration", den Geburtenüberschuss der afrikanischen Länder nach Europa zu übersiedeln, und da sind die Grenzen natürlich hinderlich.

Wenn ich mit Weltoffenen diskutiere, die gegen alle Staatsgrenzen sind, mache ich denen folgenden Vorschlag: „Ich komme zu dir nach Hause und wir montieren deine Wohnungstüre ab." Bis heute hat kein Weltoffener meinen Vorschlag gutgeheissen. Die Wohnungstüre ist die letzte Grenze und auch die Weltoffenen schotten sich lieber ab, denn sie wissen, dass man ohne die Wohnungstüre schlecht schläft.

Einfach die Grenzen zu schliessen und die Einwanderung zu unterbinden, wird das Schweizer Volk nicht vor dem Aussterben bewahren. Solange die Geburtenrate niedrig bleibt, wird es immer weniger Kinder und immer weniger Frauen im gebärfähigen Alter geben, bis alle Schweizer verschwunden sind. Die meisten Menschen weigern sich zu glauben, dass es wirklich nur eine einzige Möglichkeit gibt, das Schweizer Volk vor dem Aussterben zu retten und diese Lösung heisst: Geburtenrate 2,1.

Eines fernen Tages wird auf dem Grabstein des letzten Schweizers zu lesen sein: *Hier ruht der letzte Schweizer. Er glaubte, dass offene Grenzen ins Paradies führen.*

Umweltschützer

Schaltet man den Fernsehapparat an, dann geht es nicht lange, bis man etwas zur Klimaerwärmung hört. Die nicht enden wollende Klimahysterie beherrscht alle Medienkanäle.

Die Umweltschützer verschweigen folgende Tatsache: Jeder Mensch produziert mit seiner Atmung 800 g CO_2 pro Tag. 1950 haben auf der Welt 2,5 Milliarden Menschen auf der Welt gelebt. Mit ihrer Atmung haben sie pro Tag 2 Milliarden kg CO_2 produziert. Im Jahr 2018 leben auf der Welt 7,6 Milliarden Menschen. Mit ihrer Atmung produzieren sie pro Tag 6 Milliarden kg CO_2. Die mittlere – und meiner Meinung nach zu optimistische – Projektion der UNO geht von einer Weltbevölkerung von 11,2 Milliarden Menschen im Jahr 2100 aus. Diese Menschenmassen werden dann jeden Tag mit ihrer Atmung 9 Milliarden kg CO_2 produzieren. Diese Fakten verschweigt die grüne Propaganda.

Ein mittelgrosses Braunkohlekraftwerk produziert pro Tag 50'000 Tonnen CO_2. Die Weltbevölkerung produziert im Jahr 2018 mit ihrer Atmung jeden Tag 6 Millionen Tonnen CO_2. Da die Weltbevölkerung jeden Tag um 220'000 Menschen steigt, erhöht sich der CO_2-Ausstoss durch die Atmung jeden Tag um 176 Tonnen. Die Umweltaktivisten protestieren gegen die Braunkohlekraftwerke, aber gegen die hohe Geburtenrate zu protestieren, das getrauen sie sich nicht, denn wie die Bakterien, Viren, Käfer oder Schildkröten sind auch sie auf Vermehrung programmiert und diese darf man nicht infrage stellen.

Eigentlich müsste es das Ziel der Grünen sein, die Weltbevölkerung aus ökologischen Gründen bei 1 bis 2 Milliarden

Menschen zu stabilisieren. Unser Planet hat ein grosses Problem und das heisst Bevölkerungswachstum. Solange man die hohen Geburtenraten nicht senkt, sind alle Bemühungen der Umweltschützer nur Augenwischerei. Nicht die Klimaleugner sind das Problem, sondern die Umweltschützer, die die Auswirkungen des globalen Bevölkerungswachstums leugnen.

Eines fernen Tages wird auf dem Grabstein des letzten Schweizers zu lesen sein: *Hier ruht der letzte Schweizer. Statt den Klimawandel zu bekämpfen, hätte er sich besser für das eigene Volk eingesetzt.*

Migration

Im vorletzten Jahrhundert haben Schweizer Gemeinden verarmte Bürger zum Auswandern nach Amerika gezwungen. Wie sich der Zeitgeist ändert. Heute holt man Habenichtse aus Afrika in die Schweiz.

Immer wieder machen sich europäische Politiker auf den Weg nach Afrika und reden schöne Worte, dass man die Fluchtursachen bekämpfen wolle. Die wahre Fluchtursache ist die hohe Geburtenrate, aber von Familienplanung wollen die Politiker nichts wissen. Alle 12 Tage kommt eine weitere Million junger Afrikaner auf den Arbeitsmarkt. Die europäischen Länder sind nicht in der Lage, die hohe Jugendarbeitslosigkeit in Spanien, Italien und Griechenland zu beseitigen, und jetzt wollen die europäischen Politiker alle 12 Tage in Afrika eine Million Arbeitsstellen schaffen.

Ich höre immer wieder, dass sich auf ausgeschriebene Stellen wenige oder gar keine Schweizer melden und aus diesem Grund die Schweiz Einwanderung braucht. Wenn man die Leute fragen würde: „Warum melden sich keine Schweizer?", wüssten die wenigsten die korrekte Antwort, die lautet: niedrige Geburtenrate der Schweizer. Wer nicht geboren wurde, kann sich auch nicht für eine Stelle bewerben.

Seit Jahrzehnten wird die niedrige Geburtenrate der Schweizer mit Einwanderung bekämpft. Wer sagt: „Wir brauchen Einwanderung", könnte genauso gut sagen: „Wir brauchen einen Bevölkerungsaustausch". Eine Geburtenrate von 1,5 bedeutet, dass 10 Frauen 15 Kinder auf die Welt bringen statt 21. Es fehlen also auf 10 Frauen 6 Kinder. Wenn man über längere Zeit diese nicht geborenen Kinder der

Einheimischen durch Einwanderer ersetzt, kommt es automatisch zu einem Bevölkerungsaustausch. Das ist eine mathematische Funktion und hat nichts mit Rassismus zu tun.

Viele konservative Schweizer denken, dass es zu viele Ausländer in der Schweiz hat. Sie erkennen das wahre Problem nicht. Weil die Geburtenrate der Einheimischen seit Jahrzehnten zu niedrig ist, hat es zu wenige Schweizer in der Schweiz. Schweizer, die nicht geboren wurden, sieht man nicht und darum ist das Problem nicht einfach zu erkennen.

Eines fernen Tages wird auf dem Grabstein des letzten Schweizers zu lesen sein: *Hier ruht der letzte Schweizer. Weil man die niedrige Geburtenrate mit Einwanderung bekämpft hat, ist sein Volk verschwunden.*

Rechnen

Albert Einstein hat im Jahr 1905 die spezielle Relativitätstheorie veröffentlicht. Zu dieser Zeit war er in Bern beim Patentamt angestellt. Er hätte seine Abende auch am Stammtisch verbringen können, aber er hat lieber gegrübelt und gerechnet. Die meisten Menschen haben eine innere Abneigung gegen das Rechnen und Überlegen. Jeder Mathematiklehrer wird von seinen Schülern mit der Frage genervt: „Wofür brauchen wir das?"

Als die Ein-Kind-Politik eingeführt wurde, haben in China etwa eine Milliarde Menschen gelebt. Wenn man annimmt, dass sich ohne die Familienplanung die Einwohnerzahl noch sieben Mal verdoppelt hätte, wie viele Einwohner hätte China dann? Die Zahlenreihe lautet: 2, 4, 8, 16, 32, 64, 128. Nach sieben Verdoppelungen würde die Einwohnerzahl Chinas theoretisch 128 Milliarden Menschen betragen. In der Praxis wäre es schon bei 4 Milliarden Einwohnern zu Hungersnöten, Bürgerkrieg und ökologischen Katastrophen gekommen. Das alles verschweigen die Gegner der Ein-Kind-Politik.

Die meisten Ökonomen erwähnen mit keinem Wort, dass der wirtschaftliche Erfolg Chinas nur darum möglich war, weil man das Bevölkerungswachstum gestoppt hat. In vielen afrikanischen Ländern, in denen immer noch ein hohes Bevölkerungswachstum stattfindet, herrschen Elend, Hunger und Krieg.

Im Jahr 2000 haben im afrikanischen Land Niger 11,4 Millionen Menschen gelebt. 18 Jahre später sind es bereits 22,3 Millionen Menschen. Schätzen Sie doch einmal, wie viele Einwohner Niger nach 15 weiteren Verdoppelungen hätte. 400 Millionen? 900 Millionen? Es sind 731 Milliarden Menschen. Diese Zahl kann nur auf dem Papier stehen. In der Realität würden die Hungersnöte dieses Bevölkerungswachstum stoppen.

Leute, die nicht rechnen, glauben an das Märchen vom Verteilungsproblem. Während der Berlinblockade im Jahr 1948 hat man mit Müh' und Not 2,2 Millionen Menschen mit Hilfe einer Luftbrücke am Leben erhalten. Dass man problemlos einige Milliarden Afrikaner mit Nahrungsmittellieferungen ernähren kann, hat mit der harten Realität nichts zu tun.

Ich bekomme oft zu hören, dass alles sei nur meine Meinung, man könne doch auch eine andere Meinung vertreten. Auch hier möchte ich Ihnen an einem Zahlenbeispiel zeigen, dass das Aussterben eines Volkes nicht meine Meinung ist, sondern reine Mathematik. Nehmen wir als Ausgangswert 10'000 Schweizer. 5'000 Männer und 5'000 Frauen bilden die Elterngeneration. Sie bekommen wegen der niedrigen Geburtenrate von 1,5 nur 72 Prozent der nötigen Nachkommen. Jede nachfolgende Generation bekommt ebenfalls 72 Prozent der benötigten Nachkommen.

10'000 (Eltern)
7'200 (Kinder)
5'184 (Enkel)
3'733 (Urenkel)
2'687
1'935
1'393
1'003
etc.

Das Aussterben der Schweizer ist nur eine Frage der Zeit. Schon in der Enkelgeneration hat sich bei einer Geburtenrate von 1,5 die Zahl der Eidgenossen fast halbiert. Die Schweizer werden schon bald eine unbedeutende Minderheit im eigenen Land sein. Auch eine höhere Geburtenrate von 1,8 Kindern pro Frau schützt ein Volk nicht vor dem Aussterben. Es dauert einfach länger, bis alle gestorben sind.

Eines fernen Tages wird auf dem Grabstein des letzten Schweizers zu lesen sein: *Hier ruht der letzte Schweizer. Er hat nicht damit gerechnet, dass sein Volk aussterben wird.*

Früher

Die heutigen Ereignisse werden oft mit früheren verglichen. So meinen viele, weil es früher Völkerwanderungen gegeben hat, sei es kein Problem, wenn sich heute Millionen von Afrikanern auf den Weg nach Europa machen. Als die Vandalen im Jahr 455 Rom geplündert haben, gab es keine Bevölkerungsexplosion wie heute. Damals haben auf der Welt etwa 400 Millionen Menschen gelebt, im Jahr 2018 sind es 7,6 Milliarden Menschen.

Es wird oft behauptet, dass die Frauen früher 7 Kinder gehabt haben und darum sei es doch kein Problem, wenn die Frauen in Afrika heute viele Kinder haben. Man verschweigt, dass früher von 7 Kindern 4 bis 5 gestorben sind. Man muss die hohe Geburtenrate mit der hohen Kindersterblichkeit vergleichen, erst dann erkennt man die Probleme.

Früher sind doch Hugenotten in die Schweiz eingewandert, also ist die Einwanderung kein Problem. Hier muss man zwei Faktoren erwähnen. Erstens: Es kamen etwa 20'000 Menschen und dann war diese Einwanderung beendet. Wann das hohe Bevölkerungswachstum in Afrika stoppen wird, wissen auch die Demografie-Experten nicht genau. Zweitens: Die Hugenotten haben nicht von der Sozialhilfe gelebt, wie die heutigen illegalen Einwanderer.

Früher hat man Atombomben auf Hiroshima und Nagasaki abgeworfen, also ist es kein Problem, wenn man wieder Atombomben auf Städte abwirft. Sie sehen, wie unsinnig die Vergleiche mit früher sind.

Früher dies, früher das, früher jenes – die Vergleiche mit früher sind meistens Unsinn. Die Antibabypille ist in den USA im Jahr 1960 zugelassen worden. Vor diesem Jahr gab es keine Antibabypille und darum sind alle Vergleiche mit den früheren Bevölkerungsentwicklungen unbrauchbar.

Früher sind keine Völker wegen der niedrigen Geburtenrate ausgestorben, aber genau das geschieht in den meisten europäischen Ländern seit Mitte der 1970er-Jahre. Die Passagiere auf der Titanic haben auch gemeint: „Früher ist die Titanic auch nicht gesunken." Als die Passagiere dann im kalten Wasser schwammen und um Hilfe schrien, da war es zu spät.

Eines fernen Tages wird auf dem Grabstein des letzten Schweizers zu lesen sein: *Hier ruht der letzte Schweizer. Früher gab es noch Schweizer und jetzt gibt es keine mehr.*

Kriege, Seuchen, Hungersnöte

Wenn ich mit Leuten über die hohen Geburtenraten in Afrika diskutiere, höre ich fast immer: „Dann gibt es einen Krieg" oder „Dann kommt wieder eine Seuche" oder „Dann gibt es eine Hungersnot."

In Ruanda haben im Jahr 1994 die Hutus 800'000 Tutsis umgebracht. Dieser Bevölkerungsverlust ist nach wenigen Jahren durch die hohe Geburtenrate ersetzt worden. Die jährliche Bevölkerungszunahme liegt in Afrika momentan (Jahr 2018) bei 31 Millionen Menschen. Da auf Kriege zu hoffen, die diesen Bevölkerungsüberschuss eliminieren, ist nicht sehr nett.

Tansania hat eine hohe AIDS-Rate und trotzdem ist die Bevölkerung im Jahr 2018 um 1,8 Millionen Menschen gewachsen. Es gibt im Moment keine Seuche, die den Geburtenüberschuss aufwiegen würde.

In Äthiopien kam es Mitte der 1980er-Jahre zu einer Hungersnot. Mehr als eine halbe Million Menschen sind dabei umgekommen. Auch dieser Bevölkerungsverlust ist durch die hohe Geburtenrate rasch ersetzt worden.

Meiner Meinung nach werden nicht die Kriege und die Seuchen das Bevölkerungswachstum in Afrika stoppen, sondern die Hungersnöte. Etliche Länder Afrikas stehen kurz vor einer Hungerkatastrophe und die Einwohnerzahl verdoppelt sich je nach Land etwa alle 20 bis 30 Jahre. Zudem werden wahre Völkerwanderungen entstehen. Der Geburtenüberschuss Afrikas hat sich bereits auf den Weg nach Europa gemacht.

Eines fernen Tages wird auf dem Grabstein des letzten Schweizers zu lesen sein: *Hier ruht der letzte Schweizer. Sein*

*Volk ist nicht durch Kriege, Seuchen oder Hungersnöte ausge-
löscht worden – es war die niedrige Geburtenrate.*

Stammtisch

An Stammtischen wird viel Unsinn erzählt. Hier ein Beispiel: „Alle Prognosen sind sowieso falsch. Man hat ja mit dem Waldsterben viel Panik gemacht und die Wälder sind nicht gestorben. Warum sollen da die Prognosen der Demografen zutreffen?"

Wer so redet, zeigt, dass er keine Ahnung von Demografie hat. Die Demografen kennen die Anzahl Kinder, die jedes Jahr in Afrika geboren werden. Aus der Anzahl der geborenen Mädchen können sie die zukünftige Anzahl der Frauen im gebärfähigen Alter ausrechnen. Weil sich die Geburtenrate nicht schnell ändert, kann man die Einwohnerzahl der afrikanischen Länder für die nächsten 30 Jahre ziemlich genau berechnen.

Weil in der Schweiz seit 1971 die Geburtenrate unter 2,1 Kindern pro Frau liegt, wissen die Demografen, dass es in den kommenden Jahrzehnten zu wenige Frauen im gebärfähigen Alter geben wird. Die Demografie ist kein Hokuspokus und keine Wahrsagerei, sondern beruht auf Zahlenmaterial und Erfahrungswerten. Ein Erfahrungswert ist, dass Frauen im gebärfähigen Alter zuerst geboren werden müssen. Wenn heute zu wenige kleine Mädchen auf die Welt kommen, werden in 30 Jahren zu wenige Frauen im gebärfähigen Alter da sein.

Weil die Prognosen der Meteorologen und Wirtschaftsexperten häufig falsch sind, glauben die Stammtischbrüder, dass es in der Demografie auch so ist.

Eines fernen Tages wird auf dem Grabstein des letzten Schweizers zu lesen sein: *Hier ruht der letzte Schweizer. Statt ein Buch zur Demografie zu lesen, hat er jeden Stammtisch-Unsinn geglaubt.*

Sozialhilfe

Das Sozialamt der Schweizer Kleinstadt Aarburg hat eine Rangliste der bezogenen Sozialhilfeleistungen nach Herkunftsland erstellt. Auf dem ersten Platz steht eine Familie aus dem Irak, dann folgt eine Familie aus der Türkei und die weiteren Plätze gehen an Familien aus Eritrea.

Sozialhilfe in Aarburg bis zum Jahr 2017 in Schweizer Franken

Irak: 580'000.- Fr.
Türkei: 402'000.- Fr.
Eritrea: 392'000.- Fr.
Eritrea: 364'000.- Fr.
Eritrea: 346'000.- Fr.
Eritrea: 342'000.- Fr.
Eritrea: 305'000.- Fr.
Eritrea: 304'000.- Fr.
Eritrea: 283'000.- Fr.

Die Sozialleistungen werden natürlich noch Jahrzehnte weitergehen, denn ein ungebildeter Eritreer wird niemals eine Stelle finden, wo er gleich viel verdient wie mit der Sozialhilfe. Etwa 90 % der Eritreer in der Schweiz leben deshalb von der Sozialhilfe. Wenn die Schweiz illegale Einwanderer mit Sozialhilfe belohnt, wird der Zustrom des afrikanischen Geburtenüberschusses noch mehr angeheizt. Einen Teil der erschlichenen Sozialhilfegelder schicken die illegalen Einwanderer in ihre Heimatländer zurück und es ist verständlich, dass die afrikanischen Politiker kein Interesse daran haben, dass diese Geldquelle versiegt. Es ist nur eine Frage der Zeit, bis die Sozialwerke der Schweiz leergeplündert sind.

Oft hört man den Lösungsvorschlag, man solle den Flüchtlingen nur Nothilfe gewähren. Leute, die solche Vorschläge unterbreiten, haben wenig Ahnung vom Bevölkerungswachstum in Afrika. Alle 12 Tage erhöht sich die Einwohnerzahl Afrikas um eine Million Menschen. Falls die Schweiz jedes Jahr 3 Millionen illegale Einwanderer aufnimmt, wird sie auch mit der Erteilung von Nothilfe in die Knie gezwungen, denn diese Menschenmassen müssen auch irgendwo untergebracht werden.

Ich habe schon oft Leute klagen gehört, dass in Schulen und Spitälern gespart werden muss und dass Postfilialen aus Kostengründen geschlossen werden. Wenn ich dann frage: „Wo landet denn das eingesparte Geld?", wissen die meisten keine Antwort. Sie können die obige Tabelle anschauen – dann wissen Sie, was mit dem eingesparten Geld geschieht.

Es gibt viele Bezeichnungen für illegale Einwanderer. Eine davon ist: „Schutzsuchende". Eigentlich wäre der Begriff „Sozialamtsuchende" zutreffender. Hier greift der Terror der politisch Korrekten. Wer einen Afrikaner kritisiert, weil dieser mit falschen Behauptungen Sozialleistungen erschleicht, der ist ein Rassist und Rechtspopulist.

Eines fernen Tages wird auf dem Grabstein des letzten Schweizers zu lesen sein: *Hier ruht der letzte Schweizer. Sein Volk hat Unsummen für illegale Einwanderer ausgegeben, anstatt in eigene Kinder zu investieren.*

Liberalismus

Der zentrale Gedanke des Liberalismus ist die Freiheit des Individuums gegenüber der staatlichen Gewalt. Diese Ideologie „Der Staat soll sich raushalten, der Einzelne weiss am besten, was gut ist" führt leider ins Verderben, wenn es um demografische Probleme geht.

Wenn der chinesische Staat die Geburtenrate seinen Bürgern überlassen hätte, würden heute in China Hungersnöte und Bürgerkrieg herrschen, was man in einigen afrikanischen Staaten beobachten kann, wo sich der Staat in Sachen Familienplanung raushält.

Eines fernen Tages wird auf dem Grabstein des letzten Schweizers zu lesen sein: *Hier ruht der letzte liberale Schweizer. Seine Ideologie war: Kinder sind Privatsache.*

Multikulturalismus

Eine der vielen Ideologien ist der Traum von einer multikulturellen Gesellschaft. Die Vertreter der Roten Khmer in Kambodscha waren überzeugt, dass ihre Ideologie die einzig wahre ist. Die Sozialisten in der DDR waren überzeugt, dass man das eigene Volk einsperren muss, um es zu beglücken.

Wohin die Reise einer multikulturellen Gesellschaft führt, sieht man an den Beispielen Libanon und Jugoslawien: Bürgerkriege und Staatszerfall. Das interessiert den Multikulturalisten nicht, denn hier geht es um den Glauben an eine Ideologie. So, wie der Katholik an die Auferstehung glaubt, so glaubt auch der Multikulturalist an das Vielvölker-Paradies auf Erden.

Eines fernen Tages wird auf dem Grabstein des letzten Schweizers zu lesen sein: *Hier ruht der letzte Schweizer Multikulturalist. Er hat sein Ziel erreicht, denn auf dem Gebiet der Schweiz leben Menschen aus vielen Ländern, nur keine Schweizer mehr.*

Technischer Fortschritt

Im Jahr 1969 sind die ersten Menschen auf dem Mond gelandet. Man hat Roboter auf den Mars geschickt und das Hubble-Teleskop ermöglicht einen Blick in die Tiefen des Weltalls. Die Smartphones haben eine höhere Rechenleistung als tonnenschwere Computer der 1960er-Jahre. Es ist kein Wunder, dass viele Menschen technikgläubig sind.

Trotz der vielen technischen Neuerungen sind heute fast eine Milliarde Menschen unterernährt. Täglich sterben etwa 20'000 Menschen an den Folgen der Unter- und Mangelernährung. Die technischen Innovationen kann man nicht essen.

In den meisten europäischen Ländern stirbt die einheimische Bevölkerung wegen der niedrigen Geburtenrate aus und die modernsten technischen Errungenschaften können gegen diesen demografischen Niedergang nichts ausrichten. Viele Technikgläubige wollen nicht wahrhaben, dass der technische Fortschritt nicht alle Probleme der Welt lösen kann. Übrigens: Das Überschallflugzeug „Concorde" können Sie heute im Museum bestaunen. So viel zum technischen Fortschritt.

Eines fernen Tages wird auf dem Grabstein des letzten Schweizers zu lesen sein: *Hier ruht der letzte Schweizer. Der technische Fortschritt hat das Aussterben seines Volkes nicht verhindert.*

Flüchtlinge

Wenn sich ein Mensch aus einem afrikanischen Land auf den Weg nach Europa macht, wird er als Flüchtling bezeichnet. Die europäischen Auswanderer nach Amerika hat man nicht als Flüchtlinge bezeichnet, sondern als Auswanderer auf der Suche nach einem besseren Leben.

1956 kam es in Ungarn zu einem Volksaufstand, der durch die Sowjetarmee niedergeschlagen wurde. Die Schweiz nahm etwa 14'000 Flüchtlinge aus Ungarn auf. 1968 wurde die Liberalisierung in der Tschechoslowakei durch die Truppen des Warschauer Paktes beendet. Etwa 12'000 Tschechoslowaken flohen in die Schweiz. Viele Weltoffene meinen, weil man 26'000 Menschen aus Ungarn und der Tschechoslowakei aufgenommen hat, könne man auch 26 Millionen Afrikaner in der Schweiz aufnehmen.

Die Tagesschau zeigt immer wieder Bilder von Afrikanern, die in Schlauchbooten nach Europa gelangen wollen. Man erzeugt damit Emotionen wie Mitleid und Hilfsbereitschaft. Wenn die Tagesschau sachlich berichten würde, müsste sie melden: „Der Geburtenüberschuss Afrikas wird in Schlauchbooten mithilfe der NGOs nach Europa übergeführt." Das eigentliche Problem sind nicht die bösen Schlepper, sondern die hohe Geburtenrate in Afrika, die Not und Elend erzeugt.

Es gibt Menschen, die folgende These vertreten: „Weil wir nicht in Kauf nehmen können, dass die Flüchtlinge im Mittelmeer ertrinken, müssen wir alle nach Europa transportieren." Ich vermute, dass diese Wohltäter nicht wissen, dass sich bis zum Ende dieses Jahrhunderts die Einwohnerzahl Afrikas auf mindestens 4,5 Milliarden erhöhen wird. Falls sich in den kommenden Jahrzehnten eine Milliarde Afrikaner auf den Weg nach Europa machen, wird man noch viel zu tun haben.

In letzter Zeit redet man immer mehr von Klimaflüchtlingen aus Afrika. Man verschweigt aber, dass die sogenannten Klimaflüchtlinge mitschuldig sind am immer höheren CO_2-Ausstoss.

Afrika: Einwohnerzahl / täglicher CO_2-Ausstoss durch Atmung

1950: 229 Millionen Menschen / 183 Millionen kg CO_2 pro Tag
2000: 818 Millionen Menschen / 654 Millionen kg CO_2 pro Tag
2018: 1,3 Milliarden Menschen / 1,04 Milliarden kg CO_2 pro Tag
2050: 2,5 Milliarden Menschen / 2 Milliarden kg CO_2 pro Tag
2100: 4,5 Milliarden Menschen / 3,6 Milliarden kg CO_2 pro Tag

Die Umweltschützer verschweigen die oben genannten Zahlen. Sie protestieren gegen die Autofahrer und die Braunkohlekraftwerke, aber gegen das Bevölkerungswachstum in Afrika protestieren sie nicht. Ich werde immer wieder beschimpft: „Willst du den Menschen das Atmen verbieten?" Ich möchte niemandem das Atmen verbieten, sondern nur aufzeigen, dass die hohe Geburtenrate klimaschädliche Auswirkungen hat. Wenn man schon das böse CO_2 bekämpft, dann sollte man nicht die Augen vor den Folgen des Bevölkerungswachstums verschliessen.

Eines fernen Tages wird auf dem Grabstein des letzten Schweizers zu lesen sein: *Hier ruht der letzte Schweizer. Anstatt sich um das eigene Volk zu kümmern, hat er „Refugees Welcome"-Plakate geklebt.*

Landwirtschaft

Die Landwirtschaft in der Schweiz ist seit Jahrzehnten hoch subventioniert und vom internationalen Markt abgeschottet. Der Bauernverband hat kein Interesse daran, dass sich dies ändert. Mit den vielen Milliarden, die jedes Jahr für Subventionen und Direktzahlungen ausgegeben werden, könnte man die Geburtenrate der Schweizer erhöhen und damit das Aussterben des Schweizer Volkes verhindern.

Im Gegensatz zu den Bauern haben die Kinder, die nicht geboren wurden, keine Lobby. Sie können nicht mit dem Traktor in die Stadt fahren und für noch mehr Unterstützung durch den Staat demonstrieren, weil sie gar nicht auf die Welt gekommen sind.

Eines fernen Tages wird auf dem Grabstein des letzten Schweizers zu lesen sein: *Hier ruht der letzte Schweizer. Statt Kinder zu finanzieren, hat sein Volk Milchkühe subventioniert.*

Pflegeheime

Wahrscheinlich haben auch Sie einen Dokumentarfilm über Pinguine gesehen. Im Leben dieser Tiere steht die Brutkolonie im Zentrum. Die meiste Lebensenergie wird in den Nachwuchs gesteckt. Um alte und kranke Pinguine kümmern sich die Artgenossen nicht. Die Pinguine unternehmen alles für den Nachwuchs und nichts für die Alten. Nur so kann das Überleben der Art sichergestellt werden.

In vielen europäischen Ländern hat man dieses natürliche Verhalten auf den Kopf gestellt. Es werden Unsummen für kranke und alte Menschen ausgegeben. Aus diesem Grund werden die Menschen immer älter und es müssen noch mehr Mittel in die Lebensverlängerung gesteckt werden. Es ist absurd: Während man das eigene Volk aussterben lässt, gibt man viel Geld aus, damit ein 94-Jähriger einige Monate länger am Leben bleibt.

Ein Kind, das nicht geboren wurde, das sieht man nicht, und man kann darum nichts unternehmen, um diesem Kind zu helfen. Einen alten Menschen im Pflegeheim sieht man und will natürlich helfen, so lange es geht. Wie viel Hilfe geboten wird, ist eine komplizierte ethische Frage, aber eines ist klar: Die Zukunft des Schweizer Volkes sind die Kinder und nicht die Pflegeheime.

Eines fernen Tages wird auf dem Grabstein des letzten Schweizers zu lesen sein: *Hier ruht der letzte Schweizer. Sein Volk hat mehr Geld in alte und gebrechliche Menschen investiert als in Kinder.*

Albinen

Das Walliser Bergdorf Albinen hat sich im Jahr 2017 etwas Aussergewöhnliches einfallen lassen, um Familien mit Kindern als Neuzuzüger ins Dorf zu locken. Die Familien sollten 70'000.- Franken Unterstützung erhalten, falls sie in der Gemeinde in den Hausbau investieren und mindestens 10 Jahre dort leben würden.

Auf den ersten Blick scheint diese Idee glorreich, aber wenn man genau hinschaut, erweist sie sich als eine der vielen Scheinlösungen. Stellen wir uns vor, dass viele kinderreiche Familien aus den Städten in die Bergdörfer ziehen würden. Das hätte zur Folge, dass in den Städten noch weniger junge Menschen leben würden und damit würde dort auch die Anzahl der Frauen im gebärfähigen Alter sinken. Die Folge wäre, dass die Schweizer in den Städten noch schneller aussterben würden.

Wenn in einem Dorf alle Einwohner älter als 50 Jahre sind, ist dieses Dorf zum Aussterben verurteilt. Frauen, die älter als 50 Jahre sind, bekommen sehr selten Kinder. Der Bestatter hätte viel zu tun und die Hebamme müsste Däumchen drehen. Am Schluss stellt sich die Frage: Wer bestattet den Bestatter?

Eines fernen Tages wird auf dem Grabstein des letzten Schweizers zu lesen sein: *Hier ruht der letzte Schweizer. Die niedrige Geburtenrate hat er mit Zuwanderung bekämpfen wollen.*

Medien

Es gibt Menschen, die lesen jeden Tag die Zeitung, verpassen keine Tagesschau und glauben deshalb, dass sie gut informiert sind. Der Tagesschausprecher sagt den Leuten aber nicht, welche Themen verschwiegen werden. Auch die Zeitungen melden nicht: „Jeden Tag wächst die Weltbevölkerung um mehr als 220'000 Menschen und deshalb ist das Gerede der Klimaretter reiner Unfug."

Als in Somalia die Hungersnot ausgebrochen ist, haben die Medien über die humanitäre Katastrophe geschrieben, aber sie haben die demografischen Fakten verschwiegen. Im Jahr 2018 leben in Somalia 15 Millionen Menschen. Die Geburtenrate beträgt 5,8 Kinder pro Frau. Die Einwohnerzahl wird sich in 25 Jahren verdoppeln. Danach lauten die nächsten Verdoppelungen: 60, 120, 240, 480 und 960 Millionen Menschen. Die Ursache der Hungersnot ist die hohe Geburtenrate, die ein unglaublich schnelles Bevölkerungswachstum verursacht. Die Menschen in Somalia haben die Wahl: Hungersnot oder Senkung der Geburtenrate. Diese Fakten verschweigt die viel gelobte Pressefreiheit.

Am 30.10.2018 konnte man in der Zeitung 20minuten folgende Schlagzeile lesen: „Gemeinden fehlt das Geld für Schulreisen". Im Artikel wurde aber mit keinem Wort erwähnt, dass unzählige Milliarden in die Entwicklungshilfe und in die Asylindustrie fliessen. Wenn es um Afrika geht, verschweigt die Pressefreiheit die Fakten, denn Afrika zu kritisieren ist Tabu. Wer es wagt, die Hilfe für Afrika zu kritisieren, wird als Neokolonialist und Rassist beschimpft.

Die meisten Journalisten haben wenig Ahnung von Demografie. Vom statistischen Amt bekommen sie Zahlen zur Anzahl der geborenen Kinder und schreiben dann: „Es werden wieder mehr Kinder geboren." Die Leser glauben, dass dieser Trend ewig anhalten wird und die niedrige Geburtenrate kein Problem ist. Weil 1964 viele Kinder geboren wurden, gab es etwa 30 Jahre später viele Frauen im gebärfähigen Alter, was einen Babyboom verursacht hat. Dieser Babyboom wird weitere kleine Babybooms verursachen. Es ist ganz normal, dass es Phasen gibt, wo mehr Kinder geboren werden. Die Journalisten sind dann erstaunt, wenn der Babyboom zu Ende geht und wieder weniger Kinder geboren werden.

In den Medien kursiert der Begriff „alternde Gesellschaft". Weil die Medienschaffenden die demografischen Vorgänge nicht verstehen, verbreiten sie solche Fake News. Das Problem sind nicht in erster Linie die vielen alten Menschen, sondern die fehlenden jungen Menschen. Statt „alternde Gesellschaft" müsste man eher melden: „zu wenige Kinder bekommende und deshalb aussterbende Gesellschaft". Man sieht darum so viele alte Menschen im Strassenbild, weil man die Kinder, die nicht geboren wurden, nicht sieht.

Am 24.10.2016 konnte man auf swissinfo.ch lesen: „Schweizer Geburtenrate auf Höhenflug". Da denkt der Leser, der keine Ahnung von Demografie hat, dass wieder alles in Ordnung ist mit dem Schweizer Volk. Im Beitrag steht dann der Satz: „Im Schnitt hat jede Frau in der Schweiz nun 1,54 Kinder". Anders ausgedrückt: 100 Frauen bekommen 154 Kinder. Für die Bestandserhaltung eines Volkes wären aber 210 Kinder nötig. Die Schlagzeile hätte lauten müssen: „Das Aussterben des Schweizer Volkes hat sich etwas verlangsamt".

Die Medien sind heute eigentlich ein Sprachrohr der Umweltschützer. Sie beweinen das Verschwinden der Gletscher. Das Verschwinden des Schweizer Volkes ist ihnen egal.

Etliche Journalisten schreiben immer wieder: „Die Schweiz als Erfolgsmodell". Eigentlich müssten sie besser schreiben: „Die Schweiz als Erfolgsmodell, wie man die Bevölkerung austauscht."

Eines fernen Tages wird auf dem Grabstein des letzten Schweizers zu lesen sein: *Hier ruht der letzte Schweizer. Er hat den Medien jedes Wort geglaubt.*

Einbürgerungen

Das Bundesamt für Statistik publiziert Zahlen zum Erwerb des Schweizer Bürgerrechts. Hier eine Auswahl:

1900: 2'533
1910: 4'024
1917: 12'752
1920: 7'017
1930: 6'026
1940: 5'587
1950: 7'334
1953: 22'635
1957: 8'328
1960: 8'267
1970: 10'913
1978: 37'157
1983: 11'831
1990: 8'658
2000: 28'700
2006: 46'711
2012: 33'500
2017: 44'949

Wenn man langfristig mit 40'000 Einbürgerungen pro Jahr rechnet, dann werden in einem Jahrhundert 4 Millionen Menschen eingebürgert werden. Die Schweiz bekämpft die niedrige Geburtenrate des eigenen Volkes mit Massen-Einwanderung und Massen-Einbürgerungen.

Eines fernen Tages wird auf dem Grabstein des letzten Schweizers zu lesen sein: *Hier ruht der letzte Schweizer. Er hatte nichts dagegen, dass das eigene Volk durch Einwanderer ersetzt wurde.*

Christliche Werte

In den Medien und bei Politikeransprachen werden immer wieder die christlichen Werte der Schweiz erwähnt. Die Präambel der Bundesverfassung beginnt mit den Worten: „Im Namen Gottes, des Allmächtigen!" Wenn man in das Suchfeld des Onlinedokuments der Bundesverfassung den Begriff *Geburtenrate* eingibt, erscheint als Antwort „Keine Ergebnisse". Das grösste Problem des Schweizer Volkes wird in der Verfassung mit keinem Wort erwähnt.

In der Schweizer Nationalhymne wird der *Hocherhabene* und *Herrliche* besungen. Die Strophen enden mit: *Denn die fromme Seele ahnt, Gott im hehren Vaterland*. Die frommen Seelen werden wegen der niedrigen Geburtenrate wie Schnee an der Sonne verschwinden, egal wie laut sie die Hymne singen.

Wenn man in katholischen Regionen der Schweiz einen Berg besteigt, wird man von einem Gipfelkreuz begrüsst. Kein Gipfelkreuz wird das Aussterben der Schweizer verhindern.

Am Samstagabend strahlt das Schweizer Fernsehen die Sendung „Das Wort zum Sonntag" aus. Eine Fernsehsendung „Der demografische Niedergang des Schweizer Volkes" gibt es nicht.

Die niedrige Geburtenrate kümmert sich nicht um Verfassungstexte, Nationalhymnen und religiöse Symbole. In Zusammenarbeit mit dem Tod eliminiert sie still und leise das Schweizer Volk.

Eines fernen Tages wird auf dem Grabstein des letzten Schweizers zu lesen sein: *Hier ruht der letzte Schweizer. Anstatt etwas gegen die niedrige Geburtenrate des eigenen Volkes zu unternehmen, hat er die christlichen Werte verteidigt.*

Optimismus

Die meisten Menschen bezeichnen sich als Optimisten. Die Realität sieht oft anders aus. Die Optimisten auf der Titanic waren davon überzeugt, dass ihr Schiff unsinkbar ist. Die Optimisten haben 1933 geglaubt, dass man Hitler in den Griff bekommen wird. Die Optimisten glauben, dass man schon nächstes Jahr den Hunger und die Armut besiegen wird.

Der Optimismus erspart einem das Rechnen und Analysieren. Es ist bequemer, auf dem Sofa zu sitzen und im Optimismus zu schwelgen, als in Bibliotheken und im Internet nach Fakten zu recherchieren.

Eines fernen Tages wird auf dem Grabstein des letzten Schweizers zu lesen sein: *Hier ruht der letzte Schweizer. Er war überzeugt, dass die niedrige Geburtenrate der Schweizer von allein verschwindet – leider sind die Schweizer verschwunden.*

Soziale Netzwerke

Viele Menschen lesen weder Bücher noch Zeitungen. Sie sind den halben Tag mit ihrem Smartphone in sozialen Netzwerken unterwegs, die ihre einzige Informationsquelle sind. Leider wimmelt es da nur von Behauptungen, Beschimpfungen und Falschmeldungen.

Viele sind gar nicht an Nachrichten interessiert. Sie folgen den prominenten Influencern und schauen zu, was diese einkaufen und wo sie gerade Ferien machen. Sie stellen selbst private Fotos online und pochen gleichzeitig auf ihre Privatsphäre.

Eines fernen Tages wird auf dem Grabstein des letzten Schweizers zu lesen sein: *Hier ruht der letzte Schweizer. Er hat in seinem Leben 978'746 lustige Videos im Internet gesehen, aber ein Video zur Demografie hat er sich nie angeschaut.*

Bildung

Die Bildung und die berufliche Ausbildung in der Schweiz sind auf vielen Gebieten hervorragend. Wenn es aber um Fragen der Demografie geht, da herrscht Ahnungslosigkeit. Es gibt Akademiker, die nicht wissen, wie viele Menschen auf der Welt leben. Die meisten Schweizer sind mit folgender Frage völlig überfordert: „Um wie viele Menschen nimmt die Weltbevölkerung pro Tag zu?"

Ich habe im Jahr 2018 auf den Webseiten der ETH und der Universität in Zürich nach Vorlesungen zu Demografie gesucht und nichts gefunden. Vor allem an der ETH wird Spitzentechnologie betrieben. Leider nützt diese dem Schweizer Volk nur in wirtschaftlicher Hinsicht etwas, denn nur eine höhere Geburtenrate könnte die Schweizer vor dem Aussterben bewahren. Das Thema „Geburtenrate" interessiert die Wissenschaftler aber nicht. Die Bildung hat die Interessen der Wirtschaft zu befriedigen.

Ich habe in verschiedenen Bibliotheken der Schweizer Kleinstädte nach Literatur zu Demografie gesucht. Es gibt Bibliotheken, die haben 30 Bücher zu Esoterik, aber keines zu Demografie. Der Tag wird kommen, da werden es die Schweizer bereuen, dass sie dieses lebenswichtige Thema so vernachlässigt haben. Aber wenn man weiter überlegt: Sie werden es gar nicht bereuen können, da sie ja gar nicht mehr da sein werden.

Es gibt einen einfachen Zusammenhang: Mit höherer Bildung sinkt die Geburtenrate. Wenn man die Geburtenrate mit der Bildung der Frauen regulieren will, müsste man in der Schweiz den Frauen das Studium verbieten. Das ist natürlich Unsinn. Die richtige Lösung wäre, die Studentinnen finanziell zu unterstützen, damit sie trotz Mutterschaft studieren könnten. Wenn ich das in Diskussionen vorschlage, dann kommt die Mutter aller Fragen: „Wer soll das bezahlen?"

Eines fernen Tages wird auf dem Grabstein des letzten Schweizers zu lesen sein: *Hier ruht der letzte Schweizer. Er wollte nicht für die Kinder seines Volkes bezahlen.*

Politik

Ich habe schon unzählige Wahlen in der Schweiz erlebt. Ich kann mich nicht entsinnen, dass eine Partei mit folgendem Slogan für sich geworben hat: „Unsere Partei möchte die Geburtenrate der Schweizer erhöhen!" Ich habe auch mit Politikern diskutiert, die gewählt werden wollten. Keiner hat zu mir gesagt, dass er etwas gegen die niedrige Geburtenrate der Einheimischen unternehmen wird.

Die Politiker möchten gewählt werden. Da sie wissen, dass sich die Wähler für demografische Probleme weder interessieren noch eine Ahnung davon haben, vermeiden sie dieses Thema. Die meisten Politiker sind mit Motionen, Interpellationen, Kommissionssitzungen, Intrigen und Machtkämpfen beschäftigt – da bleibt keine Zeit für das Überleben des eigenen Volkes.

Ein Politiker muss keine Angst vor Kindern haben, die nicht geboren wurden. Wer nicht auf die Welt gekommen ist, geht nicht wählen und kann auch keine Partei gründen.

Der amerikanische Präsident Donald Trump sagt oft „America first" (Amerika zuerst). Das heimliche Motto der linken, grünen und weltoffenen Schweizer Politiker lautet: „Afrika zuerst."

Eines fernen Tages wird auf dem Grabstein des letzten Schweizers zu lesen sein: *Hier ruht der letzte Schweizer Politiker. Die Wahl zu gewinnen war ihm wichtiger als das eigene Volk.*

Schlusswort

Das Schweizer Volk hat 3 Probleme:

1.   Niedrige Geburtenrate
2.   Niedrige Geburtenrate
3.   Niedrige Geburtenrate

Wem gehört das Schweizer Volk? Wer ist zuständig für die Geburtenrate der Schweizer? Von 1291 bis 1970 ging alles gut, aber dann kam die niedrige Geburtenrate. Das Schweizer Volk erlebt seit mehr als vier Jahrzehnten einen demografischen Niedergang. Völker haben Kriege, Seuchen und Hungersnöte überlebt, aber die niedrige Geburtenrate rafft alle nieder, da bleibt kein Einziger am Leben.

Die Machthaber der Schweiz hätten Mitte der 1970er-Jahre mit Demografie-Experten zusammensitzen sollen. Diese hätten den Politikern und Wirtschaftsbossen vorrechnen können, welche demografische Katastrophe in den kommenden Jahrzehnten über das Schweizer Volk hereinbrechen wird, wenn man nichts gegen die niedrige Geburtenrate unternimmt. Frankreich und Schweden haben eine viel höhere Geburtenrate, weil der Staat die Familien finanziell unterstützt und die Kinderbetreuung gut organisiert und günstig ist. Vielleicht haben die Wirtschaftsbosse damals gesagt: „Das kostet zu viel. Dann ist die Schweiz nicht mehr wettbewerbsfähig." Was damals geschehen ist, weiss ich nicht, aber viele Politiker sitzen die demografischen Probleme lieber aus, statt etwas zu unternehmen.

Chinesische Machthaber haben erkannt, dass die hohe Geburtenrate ins Verderben führt und haben darum die

Bevölkerungsexplosion abgewürgt. In einer Diktatur ist es einfach, das Steuer herumzureissen. Bis in einer direkten Demokratie eine Kursänderung durchgesetzt werden kann, vergehen Jahrzehnte, und bis dann werden die vielen alten Schweizer verstorben sein. In der Schweiz wird die demografische Katastrophe der Einheimischen von den Medien und der Politik fleissig verschwiegen. Offenbar hat man sich mit dem Austausch der Bevölkerung arrangiert.

Im Zweiten Weltkrieg haben Schweizer Politiker nicht gesagt „Die Ernährung ist Privatsache", sondern man hat die Anbauschlacht lanciert, um das Schweizer Volk vor dem Hungertod zu bewahren. Die Schweiz braucht eine demografische Anbauschlacht und aus diesem Grund sollte ein Departement für Demografie geschaffen werden. Dieses Departement würde viel Geld brauchen, das man durch Kürzungen bei der Landwirtschaft und der Hilfsindustrie bekommen könnte. Statt die Kinderlosen bei Lebzeiten finanziell zu bestrafen, könnte man das Erbschaftsgesetz ändern: Das Vermögen der Kinderlosen geht im Todesfall an das Departement für Demografie und dieses sorgt für eine optimale Geburtenrate der einheimischen Bevölkerung.

Die Königshäuser haben die Probleme der niedrigen Geburtenrate schon längst begriffen. Als der kinderlos gebliebene König Karl II. 1700 gestorben ist, kam es zum Spanischen Erbfolgekrieg. Der englische Prinz William und seine Frau Kate haben 3 Kinder. Das Überleben eines Königshauses ist nur mit genügend Nachkommen gewährleistet und das gilt auch für Völker.

Die Nächstenliebe-Propaganda war bei den meisten Menschen erfolgreich und so glauben diese felsenfest an das Dogma: „Wir müssen Afrika helfen". Dabei wird verschwiegen, dass sich die Einwohnerzahl Afrikas von 1950 bis 2100 mindestens um den Faktor 20 vermehren wird. Deutschland hatte im Jahr 1950 etwa 70 Millionen Einwohner. Mit derselben Vermehrungsgeschwindigkeit wie in Afrika würde im Jahr 2100 die Einwohnerzahl Deutschlands bei 1,4 Milliarden Menschen liegen. Die Begeisterung für Afrika kennt bei vielen Schweizern keine Grenzen, während ihnen das Wegsterben des eigenen Volkes völlig egal ist.

Die meisten Menschen machen sich keine Vorstellung davon, mit welchem Tempo die Bevölkerung in afrikanischen Ländern wächst. Im Jahr 1992 haben in Nigeria 100 Millionen Menschen gelebt. Innerhalb von 27 Jahren hat sich die Einwohnerzahl verdoppelt und so leben 2019 in diesem Land 200 Millionen Menschen. Falls die Geburtenrate nicht sinkt, lauten die nächsten Verdoppelungen: 400 Millionen im Jahr 2046, 800 Millionen im Jahr 2073 und dann sagenhafte 1,6 Milliarden im Jahr 2100. Die optimistische UNO gibt für Nigeria für das Jahr 2100 eine Einwohnerzahl von 750 Millionen an, aber ob das Bevölkerungswachstum in diesem Jahr stoppen wird, ist fraglich.

Viele Menschen glauben, dass man Gaskammern bauen müsse, um ein Volk auszurotten. Man muss aber niemanden umbringen, um ein Volk zum Verschwinden zu bringen. Man benötigt dazu nur eine niedrige Geburtenrate und Zeit. Am schnellsten geht es mit der Geburtenrate 0 (Null), bei der alle Frauen kinderlos bleiben. Nach etwas mehr als 100 Jahren ist auch das grösste Volk verschwunden. China wird wegen der Ein-Kind-Politik von 2018 bis 2100 etwa 400 Millionen Einwohner verlieren, weil Frauen im gebärfähigen Alter fehlen werden. Schon bald werden die chinesischen Machthaber Massnahmen ergreifen müssen, um die Geburtenrate auf 2,1 Kinder pro Frau anzuheben.

Ich kenne die Schweiz seit 1965. Damals war die Schweiz das Heidiland, wie es in der Tourismuswerbung gezeigt wird. Aber kurz darauf ging die Geburtenrate in den Keller und dann hat die Schweiz auch noch die Kontrolle über ihre Landesgrenzen verloren. Heute wird das Heidiland in einen Vielvölkerstaat umgewandelt. Richard Wagner, Albert Einstein, Hermann Hesse, Charlie Chaplin, Gunther Sachs, Udo Jürgens und etliche andere Prominente waren Einwanderer, die viel Positives beigetragen haben. Heute wird die Schweiz an illegale Einwanderer verscherbelt. Die Schweizer lassen sich das Geld und den Lebensraum wegnehmen.

Jedes Jahr werden Sorgenbarometer publiziert. Folgende Themen machen den Schweizern am meisten Sorgen: Altersvorsorge, Arbeitslosigkeit, Krankenkassen, Flüchtlinge, Umweltschutz. Die niedrige Geburtenrate der Schweizer wurde nicht genannt.

Viele Menschen glauben an Wunder. Sie meinen, dass die Geburtenrate der Schweizer schon nächstes Jahr auf 2,1 steigen und dort verharren wird. Seit Mitte der 1970er-Jahre klebt die Geburtenrate bei etwa 1,5 Kindern pro Frau. Solange die Kinderbetreuung zu teuer ist, die Kinderzulagen die Kosten eines Kindes nicht ausgleichen, wird sich auch nicht viel daran ändern, dass viele Frauen auf eine grosse Kinderschar verzichten werden. Tatsache ist, dass seit 1975 die Geburtenrate in der Schweiz keine grossen Schwankungen vollzogen hat. Es ist nicht so, dass in einem Jahr die Geburtenrate bei 2,5 liegt und im nächsten bei 1,4.

Die zwei grössten Hindernisse, um die demografischen Probleme des Schweizer Volkes zu erkennen, liegen darin begründet, dass man die Kinder nicht sieht, die nicht auf die Welt gekommen sind, und gleichzeitig die Masseneinwanderung das Wegsterben der Einheimischen verdeckt. Wenn man für jedes Schweizer Kind, das nicht geboren wurde, eine Schaufensterpuppe in den Städten und Dörfern aufstellen würde, man würde aus dem Staunen nicht herauskommen, wie viele Schaufensterpuppen das wären. Eine Geburtenrate von 1,5 bedeutet, dass 10 Frauen 15 Kinder auf die Welt bringen. Um das Aussterben zu verhindern, wären aber 21 Kinder nötig – es fehlen also 6 Kinder auf 10 Frauen. Wenn Sie unterwegs sind und 10 einheimischen Frauen begegnen, dann wissen Sie jetzt: „Diese 10 Frauen haben 6 Kinder zu wenig auf die Welt gebracht und deren Töchter und Enkelinnen werden sich auch so verhalten, bis kein Schweizer mehr da ist." Zum Vergleich: 10 Frauen im afrikanischen Land Niger bekommen 65 Kinder.

Weil die Medien ständig von technischen Neuerungen berichten, glauben die meisten Menschen, dass die Innovationen die Welt verändern werden. Nicht die neuesten Start-ups, Biotech-Unternehmen, selbstfahrenden Autos und Roboter werden die Welt verändern, sondern die Geburtenrate. Die hohen Geburtenraten in Afrika werden zu Hungersnöten und Völkerwanderungen führen und die niedrigen Geburtenraten in Europa werden die einheimische Bevölkerung dezimieren.

Neben den Kommunisten, Marxisten, Trotzkisten und Maoisten gibt es noch die Afrikanisten. Die Ideologie der Afrikanisten könnte man so beschreiben: Die Europäer sind böse Kolonialherren, die für alles Elend in Afrika verantwortlich sind. Dass sie durch die niedrige Geburtenrate ausgerottet werden, ist eine gerechte Strafe für die Untaten der Kolonialzeit.

Demonstranten marschieren mit Plakaten: „Bleiberecht für alle!" oder „Niemand ist illegal". Sie sollten besser ein Plakat herumtragen, das die Bevölkerungszunahme in Afrika zeigt. Von 2018 bis 2100 wird sich die Einwohnerzahl Afrikas nach der mittleren Prognose der UNO um weitere 3,2 Milliarden Menschen erhöhen. Vielleicht sind es auch 4 oder 5 zusätzliche Milliarden Menschen, falls die Geburtenraten nicht stark sinken.

In der Hauptstadt der USA steht das Denkmal für die im Vietnamkrieg gefallenen Amerikaner. Mehr als 58'000 Namen sind darauf gelistet. In Bern steht kein Denkmal, wo die Namen der nicht geborenen Schweizer aufgelistet sind. Seit Mitte der 1970er-Jahre schaut man tatenlos zu, wie das Schweizer Volk verschwindet, und sehr wahrscheinlich wird sich daran auch in der Zukunft nichts ändern.

Viele Leute beschweren sich, dass in der Schweizer Fussball-Nationalmannschaft vorwiegend eingebürgerte Einwanderer spielen. Die Nationalmannschaft ist ein schönes Beispiel für die niedrige Geburtenrate der Schweizer. Wer nicht geboren wurde, kann auch nicht Fussball spielen.

Könnten Sie auf Anhieb folgende Frage beantworten: „Wann haben in der Geschichte der Menschheit am meisten Menschen auf der Welt gelebt?" Viele kommen bei dieser Frage ins Grübeln. War es im Mittelalter oder vor dem Ersten Weltkrieg? Die richtige Antwort lautet: „jetzt". Noch nie in der Geschichte der Menschheit haben auf der Welt so viele Menschen gelebt wie in dieser Sekunde. Da die Weltbevölkerung in jeder Sekunde um 2,6 Menschen wächst, müssten Sie die Antwort auch jede Sekunde anpassen. Alle 10 Sekunden kommt weltweit eine Schulklasse mit 26 Schülern neu hinzu und das, obwohl die Europäer wegsterben. Das Bevölkerungswachstum in Asien und Afrika ist so hoch, dass die niedrigen Geburtenraten in Europa wenig bewirken.

Wenn man sich mit älteren Schweizern über ihre Schulzeit unterhält, dann erfährt man, dass es damals in ihrer Klasse nur einige wenige ausländische Schüler gab. Heute ist es in vielen Schulklassen umgekehrt. Die Ausländer stellen die Mehrheit. Falls Sie das Vorwort noch nicht gelesen haben, können Sie es jetzt nachholen. Dem Leserbriefschreiber, der fragt, wo denn die Müllers und Meiers in vielen Schulklassen geblieben sind, können Sie jetzt antworten: „Die Müllers und Meiers sind nicht geboren worden."

Viele haben Mitleid mit den Kindern in Afrika. Mit Schweizer Kindern, die nicht geboren wurden, hat man kein Mitleid. Mit Mitleid und Hilfsbereitschaft wird man keine demografischen Probleme lösen. Wenn die Geburtenraten so bleiben wie sie momentan sind, werden in Afrika irgendwann 999 Milliarden Menschen leben und in Europa keiner mehr. Das ist natürlich nur eine theoretische Rechnung, denn in der Realität wird die Bevölkerung Europas laufend ausgetauscht. Ein ähnlicher Bevölkerungsaustausch ist schon einmal geschehen. In Haiti ist die Urbevölkerung durch eingeschleppte Seuchen und Zwangsarbeit ausgerottet worden. Die europäischen Kolonialherren haben daraufhin Sklaven aus Afrika importiert. Die Nachkommen dieser verschleppten Afrikaner stellen heute die Bevölkerungsmehrheit in Haiti. Heute werden die Schweizer nicht durch eingeschleppte Krankheiten dezimiert, sondern durch die niedrige Geburtenrate.

Im Jahr 1925 wurde auf dem Letzigrund in Zürich ein Afrikanerdorf errichtet, wo 74 Menschen aus Westafrika wohnten. Diese Völkerschau war ein Publikumsmagnet. Vielleicht werden im Jahr 2600 die letzten Schweizer im Freilichtmuseum Ballenberg als Touristenattraktion ausgestellt.

Im Jahr 1770 hat sich James Cook eine Woche lang in der Botany Bay an der australischen Ostküste aufgehalten. 1788 erreichte das erste Schiff mit Sträflingen diese Bucht. Etwas weiter nördlich wurde später die Stadt Sydney gegründet. England hat damals seine Sträflinge nach Australien verfrachtet. Die afrikanischen Länder schicken heute ihren Geburtenüberschuss nach Europa.

Dem Bundesamt für Statistik kann man im Jahr 2018 folgende Bevölkerungszahlen entnehmen: Jahrgang 1964: 137'144 Personen. Jahrgang 2003: 80'641 Personen. Menschen, die 1964 geboren wurden, werden 2044 achtzig Jahre alt sein. Etwa um diese Zeit wird es zu einem Massensterben der Babyboomer kommen. Die Mädchen, die 2003 geboren wurden, werden etwa im Jahr 2033 ihr erstes Kind bekommen. Um das Wegsterben der Babyboomer auszugleichen, müsste die Geburtenrate schon im Jahr 2025 auf 2,5 steigen. Da die Medien diese bevorstehende demografische Katastrophe beschönigen oder verschweigen und die Politik nichts für eine Erhöhung der Geburtenrate unternimmt, wird das natürlich nicht geschehen. Die Rütliwiese und das Matterhorn werden auch in 999 Jahren da sein, aber zu diesem Zeitpunkt werden keine Schweizer mehr da sein.

Eines fernen Tages wird auf dem Grabstein des letzten Schweizers zu lesen sein: *Hier ruht der letzte Schweizer. Er wollte nichts von Geburtenkontrolle wissen.*

Literatur

Birg, Herwig. Die alternde Republik und das Versagen der Politik. LIT Verlag. Berlin 2014

Bundesamt für Statistik: https://www.bfs.admin.ch

im Hof, Ulrich. Die Schweiz. Illustrierte Geschichte der Eidgenossenschaft. Kohlhammer Verlag. Stuttgart 1984

Reinhardt, Volker. Geschichte der Schweiz. Verlag C. H. Beck. München 2014

United Nations. World Population Prospects: https://population.un.org/wpp/